Cornelia Mayer

Ist Massentierhaltung ethisch vertretbar?

GRIN Verlag

Bibliografische Information der Deutschen Nationalbibliothek:

Die Deutsche Bibliothek verzeichnet diese Publikation in der Deutschen Nationalbibliografie; detaillierte bibliografische Daten sind im Internet über http://dnb.d-nb.de/ abrufbar.

Impressum:

Druck und Bindung: Books on Demand GmbH, Norderstedt Germany
ISBN: 978-3-638-89494-4

Wirtschaftlicher Faktor Massentierhaltung: Ethisch vertretbar?

Studienarbeit
im Fach Wirtschafts- und Informationsethik des
Studiengangs Wirtschaftsinformatik
der Hochschule der Medien Stuttgart

Cornelia Mayer

Stuttgart, August 2007

Kurzfassung

Gegenstand der hier vorgestellten Arbeit ist eine Darstellung der Massentierhaltung aus ethischer Sicht. Dazu wird die Thematik zuerst von der wissenschaftlichen sowie auch rechtlichen Seite betrachtet und anschließend wird auf die ethischen Aspekte genau eingegangen. Die Massentierhaltung ist eine gängige Methode durch einen geringen Preis- und Zeitaufwand dem Konsumverhalten der heutigen Gesellschaft gerecht zu werden. Dabei ergeben sich viele kritische Bereiche, die hier dargestellt werden.

Schlagwörter: Massentierhaltung, Tierhaltung, Tiere, ethische Aspekte.

Abstract

The subject of the work is a representation of factory farming with the focus of ethical aspects. Therefore the scientific and legal views are presented and afterwards the ethical views of intensive mass animal farming are explained. Today it is a current method to produce cheap products in a little while to satisfy the consumer behaviour. Many of the critical topics are shown in this paper.

Keywords:

Factory farming, livestock husbandry, animals, ethical aspects.

Inhaltsverzeichnis

Kurzfassung **2**

Abstract **2**

Inhaltsverzeichnis **3**

1 Einleitung **4**

2 Massentierhaltung aus wissenschaftlicher Sicht **5**

2.1 Einführung in das Themengebiet Massentierhaltung 5
2.1.1 Fakten zu der Massentierhaltung 6
2.1.2 Wirtschaftsfaktor Tier 8
2.2 Aktuelle Tendenzen 10

3 Massentierhaltung aus rechtlicher Sicht **11**

3.1 Das Tierrecht in der deutschen Gesetzgebung 11
3.1.1 Das Tierschutzgesetz 11
3.1.2 Begriff Massentierhaltung im rechtlichen Kontext 13
3.1.3 Aktuelle Gegebenheiten 14
3.2 Das Tierrecht in der europäischen Gesetzgebung 15
3.2.1 Tierschutz im landwirtschaftlichen Betrieb auf EU-Ebene 15

4 Die Massentierhaltung aus ethischer Sicht **17**

4.1 Ethische Grundprinzipien und Wertekonflikte 17
4.1.1 Mensch-Mensch-Interessenkonflikt 17
4.1.2 Mensch-Tier-Interessenkonflikt 18
4.1.3 Dualismus in der Alltagsmoral 19
4.1.4 Die Goldene Regel 20
4.2 Normative Betrachtung 21
4.2.1 Kants Bestimmung des Tieres 21
4.2.2 Kants Bestimmung des Menschen 22
4.2.3 Rechtfertigung der Massentierhaltung 23
4.2.4 Kritik an der Betrachtung des Tieres nach Kant: 24
4.3 Massentierhaltung aus utilitaristischer Sicht 25
4.3.1 Das Tier aus utilitaristischer Sicht 25
4.3.2 Kritik an der utilitaristischen Sicht 26
4.4 Die Massentierhaltung aus diskursethischer Sicht 26

5 Schlussbetrachtung **29**

Literaturverzeichnis **30**

1 Einleitung

In Deutschland werden pro Jahr über hundert Millionen Tiere gegessen und fast zehn Millionen Eier und 28 Millionen Tonnen Milch zu Verkauf angeboten.[1] Dieser enorme Verzehr von Tierprodukten hat dazu geführt, dass die Nachfrage nur über eine intensive Haltung gedeckt werden kann. Unterstützt wurde die Entwicklung auch aufgrund des Kaufverhaltens der Konsumenten. Das Verlangen nach billigen Produkten in großen Mengen führte dazu, dass etliche Kleinbetriebe auf dem Markt nicht standhalten konnten.

Die idyllische Vorstellung, dass Nutztiere frei lebend auf Weiden anzutreffen sind, entspricht nicht mehr der Realität und ist nur noch die Ausnahme. Nutztiere leben heutzutage in Agrarfabriken, erblicken nie das Tageslicht und müssen in rekordverdächtigen Zeiten wachsen, zunehmen und produzieren. Doch darf der Mensch Nutztiere unter solchen Gegebenheiten gebrauchen, ist das ethisch vertretbar und ist das Leiden der Tiere für das Wohlergehen der Menschen zu verantworten?

Im Rahmen dieser Studienarbeit werden diverse ethische Aspekte mit Fokus auf die Massentierhaltung aufgezeigt und diskutiert. Zur Einführung in das Themengebiet wird im zweiten Kapitel die wissenschaftliche Seite dargestellt, im Anschluss werden rechtliche Aspekte angesprochen, die aufzeigen, welche Stellung das Tier im deutschen Rechtsystem einnimmt und welche Vorschriften auf EU-Ebene für die Haltung derzeit festgelegt wurden.

Das vierte Kapitel stellt als Grundlage für die weitere Betrachtung ethische Grundprinzipien und Wertekonflikte dar, daraufhin wird die intensive Haltung von der normativen und von der utilitaristischen Seite sowie diskursethisch genau betrachtet. Die Arbeit schließt mit dem fünften Kapitel ab, hier werden die Erkenntnisse nochmals kurz zusammengefasst und bewertet.

[1] vgl. Tierrechte (2006)

2 Massentierhaltung aus wissenschaftlicher Sicht

Einleitend wird zunächst für eine bessere Verständlichkeit die Entstehung der Massentierhaltung vorgestellt, dabei werden weitere relevante Fakten und aktuelle Tendenzen aufgeführt.

2.1 Einführung in das Themengebiet Massentierhaltung

Vor fünfzig Jahren stellten amerikanische Hühnerfarmer fest, dass sie durch die Haltung des Geflügels in Ställen, die Hühner günstiger verkaufen konnten als durch traditioneller Geflügelhaltung. Die neue Methode wurde schnell populär: Die Hühner kamen von den Feldern in längliche, fensterlose Ställe. Dies war der Grundstein für die Entwicklung der Massentierhaltung.[2]

Der Begriff Massentierhaltung, auch Intensivhaltung genannt, wird nicht klar und eindeutig in der Wissenschaft definiert. In einer gängigen, aber doch rudimentäre Beschreibung heißt es wie folgt:

> *Als Massentierhaltung wird die konzentrierte Haltung von Tieren, v. a. Geflügel, Rindern und Schweinen in großer Zahl auf engem Raum (z. B. Batteriehaltung von Legehennen) zur Erzeugung tierischer Nahrungsmittel bezeichnet. Massentierhaltung erfolgt mit sehr großen Beständen und meist nur einer Tierart.*[3]

Im englischsprachigem Raum verwendet man dagegen den Begriff *factory farming*. Einerseits, weil die Ställe Fabrikgebäuden ähneln, andererseits weil bei dieser Methodik alles darauf ausgelegt ist, lebende Tiere in Maschinen zu verwandeln, die verbildlicht nur zum Zweck des Produzierens leben.[4]

Hierbei wird auch ersichtlich, dass die Beschreibung keine genaue Tieranzahl oder Räumlichkeitsangabe beinhaltet, ab wann genau die Massentierhaltung beginnt und wo sie endet bleibt offen. Folglich liegt die Auslegung im Auge des Betrachters. Für die vorliegende Arbeit reicht jedoch die vorhandene Definition aus, da eine konzentrierte Haltung in großer Zahl auf engem Raum grundsätzlich nie vollkommen tiergerecht sein kann.

Die Konzentration der Tierhaltung hat wirtschaftlich betrachtet arbeitstechnische sowie auch ökonomische Gründe. Sowohl die Tieraufzucht, als auch die Haltung werden heute mittels einem sehr hohen Aufwand von technischen Hilfsmitteln ausgeführt. Dadurch können einerseits Personalkosten eingespart werden und andererseits können viele

[2] vgl. Redaktion Cicero (2007)
[3] Umweltlexikon.de (2007)
[4] Redaktion Cicero (2007)

Arbeitsschritte automatisiert und teilweise schneller als manuellen Tätigkeiten durchgeführt werden. [5]

2.1.1 Fakten zu der Massentierhaltung

Der Fleischkonsum stieg in Deutschland zwischen 1950 und 2004 von 26,2 kg auf 60,7 kg pro Kopf und Jahr. Der Höchstwert wurde 1985 mit 66,1 kg erreicht. [6]

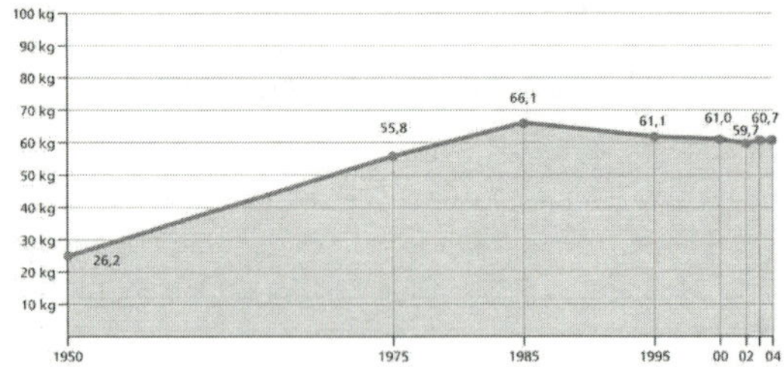

Abbildung 1: Fleischkonsum in Deutschland[i]

Im Ranking des Handelsblattes hat Deutschland mit der Fleischproduktion weltweit Platz vier mit 6.758 t eingenommen. Die weltweit führenden Produzenten sind China, USA und Brasilien.[7]

Im Folgenden werden weitere relevante Fakten von den wirtschaftlich wichtigsten Tiergruppen Huhn, Rind und Schwein aus der Massentierhaltung dargestellt:[8]

In Deutschland leben ungefähr 140 Millionen Tiere in intensiver Haltung, das sind:

- 54 Millionen Hühner
- 40 Millionen Schweine
- die restlichen 46 Millionen Tiere sind überwiegend Rinder und Kälber sowie auch Enten, Gänse und Puten.[*]

Legehennen:

Die Tierhaltung erfolgte bis 2007 in Ställen mit aneinander gereihten Drahtkäfigen. Um Platz zu sparen, wurden bis zu fünf Käfige aufeinander gestapelt. Laut Verordnung hatte jedes Huhn im Käfig einen Lebensbereich von der Größe einer 2/3 DIN-A4-Seite. Der Platzmangel führt bei Hennen zu Verhaltensstörungen Verhaltenstörungen (Kannibalismus und Federpicken), weshalb den Tieren die Schnäbel präventiv gekürzt werden.

---

[5] vgl KATALYSE Institut (2007)

[6] Wikipedia: Autor Cherubino (2007)

[7] vgl. Wikipedia: Autor Cherubino (2007)

[8] vgl. Animal Peace E.V. (2007)

[*] Enten, Gänse und Puten werden hier aufgrund des Umfangs nicht detailliert dargestellt

Seit 2007 ist die Käfighaltung verboten, jedoch versuchen Halter das Verbot „... *durch größere Käfige für mehr Tiere unter der irreführenden Bezeichnung „Kleinvoliere“ aufzuweichen“.*[9]

20 % der Tiere überleben die 15- bis 18-monatige Legeperiode nicht. Todesursache der Tiere sind Krankheiten, die psychisch bedingt sind, sowie auch Cholera, Salmonellose oder auch Osteoporose.

Masthühner:

Masthühner leben zusammen in Hallen von 50.000 bis 80.000 Tieren. Ihr Leben in der halbdunklen Anlage dauert ca. 6 Wochen in denen sie nie das Tageslicht erblicken.

Kälber:

Nach der Geburt werden die Kälber von der Mutterkuh getrennt und in kleinen, engen Holzboxen aufgezogen. Richtig bewegen können sich die Tiere hier nicht, ihre einzige Betätigung besteht in der Nahrungsmittelaufnahme, mit dem Ziel, schnell an Gewicht zuzulegen. Dazu bekommen sie eine flüssige Komplettnahrung, welche die Flüssigkeitszufuhr mittels Wasser ersetzt. Sie besteht aus Magermilchpulver, Talg, Walfett und Salz. Durch Salzzusatz wird das Tier bewusst durstig gemacht, um den Durst zu stillen muss das Tier wieder die Breinahrung aufnehmen, in Folge dessen eine schnellere Gewichtszunahme des Tieres stattfindet.

Nach 5 Monaten werden die Tiere, die dann ein Gewicht von ca. 250 Kilogramm erreicht haben, geschlachtet. Ein Tier aus einer konventionellen Aufzucht bräuchte mindestens 10 Monate für solch ein Schlachtgewicht.

Milchkühe:

Seit 1950 wurde durch Züchtung und Ernährung die Milchleistung der Kühe von durchschnittlich 1.000 Liter auf 6.000 Liter gesteigert. Auch die Milchkühe leben angekettet in engen Boxen und können sich aufgrund der Enge, sowie der stark angeschwollenen Euter kaum bewegen. Sie verbringen ihr ganzes Leben auf einer Stelle und kalben maximal drei bis viermal in ihrem Leben.

Schweine:

Die Aufzucht von Schweinen ist in drei Stufen unterteilt: Ferkelerzeugung, Vormast und Endmast. Die Ferkelerzeugung geschieht mittels künstlicher Besamung der Sau. Wenn die Ferkel zur Welt kommen, wird die Muttersau angegurtet oder zwischen Schutzbügel geklemmt, damit sie ihre Ferkel in der Enge nicht versehentlich zerquetscht. Aufgrund von Schutzmaßnahmen werden den Ferkeln die Zähne abgezwickt, sowie die Schwänze coupiert.

Nach vier bis fünf Wochen werden die Ferkel getrennt von der Mutter in einem Vormaststall gemästet. In dunklen Ställen leben hier auf engstem Raum 80 bis 200 Tiere auf Gitterrosten. Wenn ihr Gewicht auf ca. 30 Kilogramm ansteigt, werden die Schwei-

[9] Selig M., M. Elsner (2006): Seite 8.

ne in kleinere Gruppen umgesiedelt. In dieser letzten Lebensphase, der Endmast werden sie innerhalb von 100 Tagen auf ca. 100 Kilogramm gemästet und anschließend geschlachtet.

Schlachtung in Deutschland[10]

Das statistische Bundesamt veröffentliche für das Jahr 2006 folgende Zahlen aus der deutschen Fleischproduktion. So wurden:

- 4,6 Millionen Tonnen Schweinefleisch
- 1,2 Millionen Tonnen Rinder- und Kalbfleisch
- 1,0 Millionen Tonnen Geflügelfleisch

aus gewerblicher Schlachtung erzeugt.

> *Die Zahl der gewerblich geschlachteten Schweine ist im abgelaufenen Jahr um 1,9 Millionen Tiere oder 4,0% gestiegen und damit ähnlich stark wie im Vorjahr (+ 4,3%). [...] Die Zahl der gewerblich geschlachteten Rinder (einschließlich Kälber) erhöhte sich im abgelaufenen Jahr leicht um 40.000 oder 1,1% auf 3,7 Millionen Tiere. Die Schlachtungen von Kühen sanken dagegen um 1,5% und die von Kälbern um 4,5%. An der Erzeugung von Geflügelfleisch hatte Jungmasthühnerfleisch mit 575.000 Tonnen den größten Anteil (55,9%), [...]*[11]

2.1.2 Wirtschaftsfaktor Tier

Massentierhaltung, so die Ansicht vieler Verfechter könne nicht mit artgerechter Tierhaltung vereinbar sein[12], doch gibt es auch Befürworter und natürlich die Konsumenten, die mittels dem Einkauf der tierischen Produkte letztlich signalisieren, dass die Art und Weise wie das „Produkt“ hergestellt wurde, akzeptiert wird. Im Folgenden werden beide Seiten der Massentierhaltung aus wirtschaftlicher Sicht übersichtlich dargestellt.

Pro Massentierhaltung:

Wie erwähnt, kann mittels der Massentierhaltung *„eine maximale Menge an Fleisch, Milch und Eiern so schnell und billig wie möglich...“*[13] bei minimaler Platzanforderung produziert werden.

Preis

Die tierischen Massenprodukte können viel günstiger auf dem Markt angeboten werden. So kann sich jeder Bürger Fleisch, Käse sowie weitere Milchprodukte täglich leisten. Und sehr viele Konsumenten kaufen weiterhin Produkte aus der Intensivhaltung.

---

[10] vgl. Statistisches Bundesamt (2007)

[11] Statistisches Bundesamt (2007)

[12] vgl. Wikipedia: Autor *Amphibium*(2007)

[13] PETA-Deutschland e.V. (2007)

Eine Umfrage legte dar, wie viel Euro Konsumenten bereit sind für ein Kilo Schweinefilet oder Rumpsteak zu zahlen. Die Befragten Personen gaben an zwischen 6 und 14 Euro zu zahlen. *Aber für diesen Preis gibt es kein Fleisch. Die Kunden sind Discounterpreise gewohnt – und nicht die vom Qualitätsmetzger. Dort kostet ein Kilo Schweinefilet aus Hessen 21 Euro, beim Discounter nur zehn Euro. Beim Metzger kostet das Rumpsteak 25 Euro je Kilo, beim Discounter nur knapp 15 Euro*[14].

Kosten

Das Produkt „Tier" kann nur so günstig angeboten werden, weil an anderen Produktionsfaktoren eingespart wurde. Viele Arbeitsschritte werden wie schon erwähnt automatisiert, das spart Arbeitskräfte wodurch die Personalkosten sinken. Auch die Haltung der Tiere auf engem Raum spart Raumkosten, da die meisten Tiere nicht im Freien leben, werden zusätzliche Außenbereiche nicht benötigt.

Die Ställe der Tiere so aufgebaut, dass sie einfach und schnell zu reinigen sind, daraus resultiert ein minimaler Arbeitsaufwand. Kühe werden beispielsweise bei einigen Betrieben mittels Elektroschocks „erzogen" richtig zu koten.

Ein elektrisch geladener Bügel über dem Rücken der Kühe wird angebracht Zum Koten und Harnen machen Kühe einen Buckel. Dabei berühren sie den Bügel und erhalten einen elektrischen Schlag. Mit der Zeit lernen sie, diesem Elektroschock auszuweisen, indem sie vor dem Koten und Harnen ein Schrittchen zurückweiche, soviel es die Anbindevorrichtung erlaubt. Damit wird erreicht, dass der Kot schön brav in den Kotgraben fällt.[15]

Dieses Beispiel ist kein Einzelfall und hat das Ziel Kosten, in diesem Fall die Reinigungskosten der Tierumgebung einzusparen.

Zusammengefasst betrachtet sind die Kostenargumente der Befürworter von Intensivhaltung die Hauptargumente neben der weiterhin starken Nachfrage der Konsumenten.

Contra Massentierhaltung:

Die Massentierhaltung tangiert viele kritische Bereiche, in der vorliegenden Arbeit wird der Fokus auf die wichtigsten Contra-Argument gesetzt, die im Folgenden aufgeführt werden:[16]

Tierrassen

Nur wenige Tierrassen sind für die Intensivhaltung geeignet und so werden besondere Tierrassen nicht weiter gezüchtet und sterben aus.

Überschüsse

Durch die Massentierhaltung kommt es oft zu überschüssiger Ware. Diese wird teilweise vernichtet oder auf dem Weltmarkt verkauft. Das kann wiederum die Wirtschaft in den Entwicklungsländern negativ beeinflussen.

---

[14] HR-Online.de (2007)

[15] Verein gegen Tierfabriken Schweiz VgT (2007)

[16] vgl. Wikipedia : Autor Amphibium (2007)

Bedrohte Existenz kleiner Betriebe

Kleine, heimische Familienunternehmen mit traditioneller Tierhaltung können dem Preisdruck der großen Massenproduktion oft nicht standhalten und müssen zwangsweise die Produktion einstellen.

Anormales Verhalten der Tiere und medikamentöse Indikation

Tiere aus intensiver Haltung haben aufgrund des engen Raumes, indem sie leben Verhaltensstörungen, sie verletzen sich selber und vegetieren meist apathisch vor sich hin. Um diese negativen Folgeerscheinungen einzudämmen, werden die Tiere mit Antidepressiva ruhig gestellt. Zusätzlich müssen aufgrund einer hohen Infektionsgefahr und Ausbreitung von Epidemien bei Tieren auf eng gehaltenem Raum diese präventiv geimpft werden. Die Überreste der Medikamente werden letztlich von den Konsumenten über die Fleischware verzehrt. Das Ausmaß möglicher Spätfolgen für Menschen lässt sich heute nur schwer abschätzen.

Nach jüngsten Untersuchungen der Allensbacher Institute sind 80 % der Bevölkerung gegen die Massentierhaltung. Als Grund wurde meist die Tierquälerei genannt, welche die Massentierhaltung mit sich zieht. An zweiter Stelle wurde angegeben, dass der Konsument aufgrund der Medikamentenverabreichung bei Tieren um seine eigene Gesundheit fürchtet.

2.2 Aktuelle Tendenzen

Konsumenten werden aufgrund vieler Berichte aus Medien wie Fernsehen, Internet und Presse auf das Thema Massentierhaltung aufmerksam gemacht. Bilder von halbtoten Tieren in engen, dunklen, dreckigen Ställen, die kümmerlich in ihrem eigenen Kot auf ihr Ende warten, brennen sich in die Köpfe der Konsumenten ein.

Alternative Möglichkeiten zur Massentierhaltung sind gegeben: Tierische Produkte aus artgerechter Haltung versprechen, dass Tiere bedarfsgerecht gehalten werden, keine Masthilfsmittel oder Medikamente verabreicht bekommen und über kurze Wege zu den Schlachthöfen transportiert werden.[17] Landwirte, die Tiere artgerecht halten, produzieren nachweislich qualitativ hochwertigere Produkte. Doch aufgrund der Einhaltung diverser Standards für die bedarfsgerechte Haltung dauert die Aufzucht länger und ist umständlicher. Folglich liegen die Preise der Produkte über den aus der Massentierhaltung erzeugten Waren.[18]

Die aktuelle Entwicklung zeigt jedoch, dass Agrarfabriken auch weiter mit intensiver Tierproduktion Waren zum Verkauf anbieten, da der erfolgreiche Absatz mit Dumpingpreisen in Supermärkten boomt. Es bleibt somit dem Konsumenten überlassen welche Richtung sich durchsetzen wird und ob sich auch langfristig Produkte aus artgerechter Tierhaltung mit höheren Preisen auf dem Markt fest platzieren können.

---

[17] vgl. Andreae-Noris Zahn AG (2007)

[18] vgl. Wikipedia: Autor *Manecke* (2007)

3 Massentierhaltung aus rechtlicher Sicht

Es gibt viele Vorschriften, die den Umgang mit den Tieren regeln. Im Weiteren werden die wichtigsten deutschen Gesetze, Verordnungen und EU-Regularien aufgelistet, für eine detaillierte Betrachtung aller relevanter Paragraphen wird jedoch aufgrund des Umfangs auf die jeweiligen Gesetzesvorlagen verwiesen.

3.1 Das Tierrecht in der deutschen Gesetzgebung

In der Bundesrepublik Deutschland gibt es Rechtsvorschriften und Gesetze, die von Tierhaltern befolgt werden müssen und einen rechtlichen Rahmen für den richtigen Umgang mit Tieren vorgeben.

3.1.1 Das Tierschutzgesetz

Am 01.10.1972 wurde das Tierschutzgesetz (TierSchG) verfasst und wird seither regelmäßig weiter ausgebaut und an aktuelle Gegebenheiten angepasst. Um den Tierschutz eine stärkere Gewichtung zuzuschreiben, wurde es am 17.05.2002 auch in die deutsche Verfassung aufgenommen:

Artikel 20a:

> *Der Staat schützt auch in Verantwortung für die künftigen Generationen die natürlichen Lebensgrundlagen und die Tiere im Rahmen der verfassungsmäßigen Ordnung durch die Gesetzgebung und nach Maßgabe von Gesetz und Recht durch die vollziehende Gewalt und die Rechtsprechung.*[19]

Das TierSchG hat den Zweck, *"aus der Verantwortung des Menschen für das Tier als Mitgeschöpf dessen Leben und Wohlbefinden zu schützen."*[20] Es schafft den Rahmen für den Umgang zwischen Mensch und Tier.

Grundsätzlich gilt: *"Niemand darf einem Tier ohne vernünftigen Grund Schmerzen, Leiden oder Schaden zufügen."* [21]

> *Das TierSchG umfasst die wesentlichen Vorschriften zur Tierhaltung, zur Tötung von Tieren (Schlachtung), Eingriffe und Versuche an Tieren sowie zahlreiche Regelungen zur Zucht und zum Handel mit Tieren. Das Gesetz ist vor allem verwaltungsrechtlich gestaltet, so dass es die Tierhaltung von Nutztieren teilweise unter Erlaubnisvorbehalt stellt.*[22]

---

[19] dejure.org. Artikel 20a (2007)

[20] BRD Deutschland (2007) Tierschutzgesetz § 1

[21] BRD Deutschland (2007) Tierschutzgesetz § 1

[22] Wikipedia: Autor *Buzer* (2007)

Für das Töten von Tieren gilt § 4:

(1) Ein Wirbeltier darf nur unter Betäubung oder sonst, soweit nach den gegebenen Umständen zumutbar, nur unter Vermeidung von Schmerzen getötet werden. Ist die Tötung eines Wirbeltieres ohne Betäubung im Rahmen weidgerechter Ausübung der Jagd oder auf Grund anderer Rechtsvorschriften zulässig oder erfolgt sie im Rahmen zulässige Schädlingsbekämpfungsmaßnahmen, so darf die Tötung nur vorgenommen werden, wenn hierbei nicht mehr als unvermeidbare Schmerzen entstehen. Ein Wirbeltier töten darf nur, wer die dazu notwendigen Kenntnisse und Fähigkeiten hat.

(2) Für das Schlachten eines warmblütigen Tieres gilt § 4a.

(3) Für das Töten von Wirbeltieren zu wissenschaftlichen Zwecken gelten die §§ 8b, 9Abs. 2 Satz 2, im Falle von Hunden, Katzen, Affen und Halbaffen außerdem § 9 Abs. 2 Nr.7 entsprechend.[23]

Inhalte des TierSchG:[24]

§ 1:	Grundsatz: *Zweck dieses Gesetzes ist es, aus der Verantwortung des Menschen für das Tier als Mitgeschöpf dessen Leben und Wohlbefinden zu schützen. Niemand darf einem Tier ohne vernünftigen Grund Schmerzen, Leiden oder Schäden zufügen.*[25]
§ 2 - § 3:	Regeln und Verordnungen für die Tierhaltung.
§ 4:	Regelungen und Verordnungen bei der Tiertötung.
§ 5 - § 6:	Regeln und Vorschriften bei Tiereingriffen.
§ 7 - § 9:	Regeln und Vorschriften bei Tierversuchen.
§ 10:	Regeln und Vorschriften bei Tiereingriffen mit kommerziellem Zweck
§ 11:	Regeln und Vorschriften bei Zucht, Haltung und Handel von Tieren
§ 12:	Regeln und Vorschriften bei Tierhandel und Tierhaltung
§ 13:	weitere Spezifika des Tierschutzes
§ 14 – § 16:	regelt die Durchführung des TierSchG
§ 17 – § 20:	Straf- und Bußgeldvorschriften

---

[23] BRD Deutschland (2007) Tierschutzgesetz § 4

[24] vgl. BRD Deutschland (2007) Tierschutzgesetz. *Übersicht.*

[25] BRD Deutschland (2007) Tierschutzgesetz: § 1

3.1.2 Begriff Massentierhaltung im rechtlichen Kontext

Im rechtlichen Kontext wird prinzipiell nicht direkt von der Massentierhaltung gesprochen. Aufgegriffen wurde der Begriff jedoch in der „Massentierhaltungsverordnung" von 1975. Hier wurden seuchenhygienische Anforderungen für Schweinebetriebe ab einer bestimmten Größenordnung festgelegt.[26] Genaue Festlegungen bezüglich der Tierhaltung, des Transports, der Schächtung sowie auch der Tötung von Tieren werden in weiteren Verordnungen festgelegt. Da sich diese Arbeit auf die intensive Haltung der Tiere konzentriert, wird hier die Verordnung zur Tierhaltung aufgeführt:

Tierschutz-Nutztierhaltungsverordnung (TierSchNutzVO)

Verordnung zum Schutz landwirtschaftlicher Nutztiere und anderer zur Erzeugung tierischer Produkte gehaltener Tiere bei ihrer Haltung.[27]

Die Verordnung teilt sich in die Bereiche Kälber, Schweine und Legehennen auf. Hier sind auch die Mindestanforderungen für den Platzbedarf aufgeführt. Am Beispiel von der Rinderhaltung wird ein Paragraph dargestellt:

§ 10 Platzbedarf bei Gruppenhaltung

> *(1) Kälber dürfen vorbehaltlich des Absatzes 2 in Gruppen nur gehalten werden, wenn für jedes Kalb eine uneingeschränkt benutzbare Bodenfläche zur Verfügung steht, die nach Maßgabe des Satzes 2 mindestens so bemessen ist, dass es sich ohne Behinderung umdrehen kann. Entsprechend seinem Lebendgewicht muss hierbei jedem Kalb mindestens eine uneingeschränkt benutzbare Bodenfläche nach folgender Tabelle zur Verfügung stehen:*

Lebendgewicht in Kilogramm	*Bodenfläche je Tier in qm*
Bis 150	*1,5*
Von 150 bis 220	*1,7*
Über 220	*1,8*

Tabelle 1: Platzbedarf der Kälber

> *(2) Kälber dürfen in einer Gruppe bis zu drei Tieren nur in einer Bucht gehalten werden, die im Falle 1. von Kälbern im Alter von zwei bis acht Wochen 4,5 Quadratmeter, 2. von Kälbern von über acht Wochen 6 Quadratmeter Mindestbodenfläche hat.*

[26] vgl.RKW Süd (2007).

[27] Verwaltung Uni Halle. Stab Arbeits- und Umweltschutz Tierschutz (2007)

3.1.3 Aktuelle Gegebenheiten

Um das Tier auch weiter in die deutsche Gesetzgebung einzubinden, wurde1990 im Bürgerlichen Gesetzbuch (BGB) der § 90a zugefügt:

> *„Tiere sind keine Sachen. Sie werden durch die besonderen Gesetze geschützt. Auf sie sind die für die Sachen geltenden Vorschriften entsprechend anzuwenden, soweit nicht etwas anderes bestimmt ist."*[28]

Mit diesem Paragraph tritt jedoch keine grundsätzliche Änderung für Tiere ein. Dies wird im letzten Satz deutlich: Auch wenn Tiere vom Gesetzgeber als „lebende Sachen" bezeichnet werden, verändert sich nichts, solange aber *die für die Sachen geltenden Vorschriften* wie bislang auch auf die Tiere anwendbar bleiben.

Und der folgende Paragraph verdeutlicht ebenso, dass das Tier im BGB als eine Sache und nicht als ein Lebewesen angesehen wird:

§ 903 BGB Befugnisse des Eigentümers:

> *Der Eigentümer einer Sache kann, soweit nicht das Gesetz oder Rechte Dritter entgegenstehen, mit der Sache nach Belieben verfahren und andere von jeder Einwirkung ausschließen. Der Eigentümer eines Tieres hat bei der Ausübung seiner Befugnisse die besonderen Vorschriften zum Schutz der Tiere zu beachten.* [29]

Des Weiteren ist das wichtigste Gesetz für Tiere, das Tierschutzgesetz sehr vage ausformuliert und lässt viel Interpretationsspielraum:

So heißt es beispielsweise, dass niemand einem Tier ohne vernünftigen Grund Schmerzen, Leiden oder Schäden zufügen darf. Ist aber die entwickelte Verhaltensstörung von Schweinen hervorgerufen von Platzangst legitimierbar mit der Begründung, sie seien ein Produkt, welches dem Zweck der Nahrungsaufnahme dient? Ähnlich ist es bei männlichen Küken: Sie werden getötet, da sie weder für die Mast noch zur Eiablage zu gebrauchen sind. Die Frage stellt sich, ob diese ökonomischen Gründe auch vernünftig sind.

Auch dass Tiere im BGB weiterhin nicht wie Lebewesen, sondern wie Sachen behandelt werden, zeigt Lücken in der Gesetzgebung auf.

---

[28] dejure.org. § 90 BGB: (2007)

[29] dejure.org. § 903 BGB: (2007)

3.2 Das Tierrecht in der europäischen Gesetzgebung

Der Amsterdamer Vertrag, der seit dem 1. Mai 1999 in Kraft getreten ist, setzt in einem **Protokoll über den Tierschutz und das Wohlergehen der Tiere** neue Vorschriften für Handlungen der Gemeinschaft im Tierschutzbereich durch.

> *Mit diesem Protokoll werden Tiere als fühlende Wesen anerkannt und die Europäischen Institutionen verpflichtet, bei der Festlegung und Durchführung von Gemeinschaftspolitiken die Erfordernisse des Wohlergehens der Tiere in den Vordergrund zu stellen.*[30]

Dieses Protokoll zeigt *„[...]die Rechtsetzungskompetenz zur Verbesserung des Tierschutzes und zur Verhinderung von Misshandlungen von Tieren"* auf, die sich auf die von dem Vertrag aufgezeichneten Bereiche (wie z. B. der Landwirtschaft) ausdehnt.

Bereiche, die nicht durch den Vertrag festgelegt sind, werden auf EU-Ebene nicht beachtet und es gelten in diesen Fällen weiterhin die Verordnungen der einzelnen Staaten (Beispiel kulturelle Vorstellungen wie Stierkämpfe, Hundekämpfe, Hunderennen).[31]

Darüber hinaus gibt es noch einen wissenschaftlichen EU-Ausschuss für Tiergesundheit und Tierschutz. Dieser Berät die Kommission bei Diskussionen in Sachen Tiergesundheit und Tierschutz. Daneben werden Sachverhalte geprüft und auf Basis der Ergebnisse werden Rechtsvorschriften aufgesetzt.[32]

3.2.1 Tierschutz im landwirtschaftlichen Betrieb auf EU-Ebene

Mit der Richtlinie **98/58/EG** des Rates für den Schutz landwirtschaftlicher Nutztiere werden Regeln zum Schutz von Tieren aller Arten, die zur Erzeugung von Nahrungsmitteln, Wolle, Häuten, Fellen oder zu anderen landwirtschaftlichen Zwecken gezüchtet oder gehalten werden, festgesetzt.[33]

Die aufgeführte Richtlinie ist wie auch der Punkt Bewegungsfreiheit oder Kontrollen sehr allgemein gehalten:

Bewegungsfreiheit

> *7. Die der praktischen Erfahrung und wissenschaftlichen Erkenntnissen nach artgerechte Bewegungsfreiheit eines Tieres darf nicht so eingeschränkt sein, dass dem Tier unnötige Leiden oder Schäden zugefügt werden.*
>
> *Ist ein Tier ständig oder regelmäßig angebunden oder angekettet, oder befindet es sich ständig oder regelmäßig in Haltungssystemen, so muss es über einen Platz verfügen, der*

[30] Europäische Gemeinschaften (2007): Tierschutz in der EU: Politische Ziele.

[31] vgl. Europäische Gemeinschaften (2007): Tierschutz in der EU: Politische Ziele.

[32] vgl. Europäische Gemeinschaften (2007): Wissenschaftlicher Ausschuss für Tiergesundheit und Tierschutz.

[33] vgl. Amtsblatt der Europäischen Gemeinschften (1998): Richtline 98/58/EG des Rates vom 20. Juli 1998 über den Schutz landwirtschaftlicher Nutztiere. Seite 1.

der praktischen Erfahrung und wissenschaftlichen Erkenntnissen nach seinen physiologischen und ethologischen Bedürfnissen angemessen ist.[34]

Der Punkt Kontrollen schreibt EU-weit einheitliche Vorgehensweisen bezüglich der Tierpflege und der Lichtverhältnisse vor.

Kontrollen

2. Alle Tiere in Haltungssystemen, bei denen das Wohlergehen der Tiere von regelmäßiger menschlicher Versorgung abhängig ist, müssen mindestens einmal am Tag kontrolliert werden. In anderen Systemen gezüchtete oder gehaltene Tiere sind in solchen Abständen zu kontrollieren, dass jegliches Leiden vermieden wird.

3. Es muss eine geeignete (fest installierte oder bewegliche) Beleuchtung zur Verfügung stehen, die ausreicht, um die Tiere jederzeit gründlich inspizieren zu können.

4. Weist ein Tier Anzeichen einer Krankheit oder Verletzung auf, so muss es unverzüglich ordnungsgemäß versorgt werden; spricht ein Tier auf diese Maßnahme nicht an, so ist so rasch wie möglich ein Tierarzt hinzuzuziehen. Erforderlichenfalls sind die kranken oder verletzten Tiere gesondert in angemessenen Unterkünften unterzubringen und gegebenenfalls mit trockener und angenehmer Einstreu zu versehen.

Die Richtlinie **98/58/EG** ist als Mindestanforderung festgelegt worden, den einzelnen Staaten steht es frei, strengere Gesetze festzusetzen. Ebenso gelten in allen EU-Staaten weitere wichtige Tierschutzvorschriften, die jeweils als Mindestanforderungen anzusehen sind. Diese geben detaillierte Vorschriften für den Umgang mit Tieren vor:

- Schutz von Tieren beim Transport
- Schutz von Tieren bei dem Zeitpunkt der Schlachtung
- Wildtiere in Zoos
- Schutz der für Versuche und andere wissenschaftliche Zwecke verwendeten Tiere
- Detaillierte Verordnungen für Kälber, Schweine und Legehennen: Hier werden die Anforderungen für das Halten der Tiere in Ställen vorgeschrieben.[**]

Fazit

Es gibt derzeit sehr viele Vorschriften, die aber bei detaillierter Betrachtung den Nutztieren meist kein artgerechtes Leben in den Ställen ermöglichen. Die Vorgaben, beispielsweise für die Lebensbereiche, sind lediglich als eine Mindestanforderung anzusehen, können jedoch von den einzelnen Staaten weiter ausgedehnt werden. Deutschland hat die Mindestanforderungen ohne Ausweitungen für die Tiere in der TierSchNutzVO übernommen.

---

[34] Amtsblatt der Europäischen Gemeinschaften (1998): Richtlinie 98/58/EG des Rates vom 20. Juli 1998 über den Schutz landwirtschaftlicher Nutztiere. Seite 4

[**] da eine detaillierte Aufstellung aller Paragraphen der Haltungsverordnung für alle Tierarten den Rahmen der Arbeit sprengen würden, werden diese hier nicht aufgeführt

4 Die Massentierhaltung aus ethischer Sicht

Im Folgenden werden zuerst ethische Grundprinzipen und Wertekonflikte aufgezeigt, daraufhin wird die Thematik Massentierhaltung aus normativer und utilitaristischer Sicht dargestellt und diskursethisch behandelt.

4.1 Ethische Grundprinzipien und Wertekonflikte

Für die Beurteilung der Massentierhaltung aus ethischer Sicht ergeben sich zwei Herangehensweisen. Einerseits die Betrachtung anhand der Vorteile und Folgen der intensiven Tierhaltung in Bezug auf die davon betroffenen Menschen, andererseits der grundsätzliche Status des Tiers in der Ethik im Vergleich zum Menschen. Daher ergeben sich aus der Massentierhaltung ein Mensch-Mensch-Interessenkonflikt und ein Mensch-Tier-Interessenkonflikt.

4.1.1 Mensch-Mensch-Interessenkonflikt

Dieser Interessenkonflikt besteht zwischen dem Bedürfnis, tierische Produkte kostengünstig, in großer Anzahl zu erhalten und einer Reihe ökonomischer, ökologischer sowie gesundheitlicher Folgen für Menschen, die in der Massentierhaltung ihre Ursache haben.

Cord Riechelmann schreibt in die ZEIT:

> *Die Sphären von Mensch und Tier sind spätestens seit der industriellen Revolution nicht mehr getrennt. Riesige Tierpopulationen werden geboren, leben und sterben unter der Aufsicht des Menschen und zu seinen Bedingungen. Es gibt keine nennenswerte Bedrohung von wilden Tieren. Es ist allerdings so, dass wir mit den Tieren auch die Krankheiten züchten, die dann auf uns zurückschlagen. Was wir mit den Tieren tun, das ernten wir früher oder später.*[35]

In diesem Abschnitt seines Artikels warnt Riechelmann vor den Konsequenzen, die den Mensch durch die intensive Tierhaltung treffen können. Er nimmt Bezug auf ein erhöhtes Risiko von Epidemien, denn die oftmals unhygienischen Bedingungen der Massentierhaltung sowie beispielsweise der Zusatz von Antibiotika im Tierfutter begünstigen die Ausbreitung resistenter Erreger wie Tuberkulose. Gleichzeitig birgt die Konzentrierung vieler Tiere auf engem Raum eine erhöhte Gefahr von Tierseuchen wie Schweinepest, MKS, BSE und H5N1, die sich schlimmstenfalls mit aggressiven, auf den Menschen übertragbaren Erregern kreuzen könnten.[36]

---

[35] Die Zeit, Autor Riechelmann C. (2006)

[36] vgl. Die Zeit, Autor Riechelmann C. (2006)

Aus ökologischer Sicht ergeben sich zwei zusätzliche Aspekte, die sich negativ auf das Klima und damit für die Allgemeinheit auswirken. Einerseits die massive Rodung südamerikanischer Wälder für den Soja-Anbau zugunsten der Futtermittelherstellung und der damit verbundenen Monokulturen. Andererseits produzieren die Tiere selber eine beträchtliche Menge an Gasen, die erheblich zur Treibhauswirkung beitragen.[37]

Ökonomisch betrachtet ermöglicht die intensive Tierhaltung eine kostengünstige Herstellung tierischer Produkte. Dadurch kann sowohl die weltweit steigende Nachfrage gedeckt werden, als auch das Bedürfnis der Menschen tierische Produkte preisgünstig konsumieren zu können. Eine Abschaffung der Massentierhaltung könnte zur Folge haben, dass der Preis tierischer Produkte soweit steigt, dass sich viele Leute den Konsum nicht mehr erlauben könnten. Zusätzlich müssen die Arbeitsplätze die durch die intensive Tierhaltung geschaffen wurden beachtet werden. Diese reichen von den Tierzüchtern, -händlern über die Arbeiter in fleischverarbeitenden Betrieben bis hin du den Beschäftigten der Chemieindustrie und den Fahrern von Tiertransporten. Ein Wegfall der Massentierhaltung, hieße gleichzeitig den Wegfall sämtlicher in dieser Branche verankerter Arbeitsplätze in Kauf zu nehmen.

Ein weiterer Standpunkt ergibt sich aus der Tatsache, dass durch die Massentierhaltung und der damit verbundenen Fütterung der Tiere große Mengen an pflanzlichem Eiweiß verloren gehen. Je nach Tierart würde sich so bei Verzicht auf intensive Tierhaltung ein vielfaches mehr an pflanzlichem als an tierischem Eiweiß erzeugen lassen. Dies erscheint besonders gewichtig, hinsichtlich der Problematik einer schnell wachsenden Weltbevölkerung und dem damit verbundenem zunehmendem Bedarf an Nahrung.[38]

4.1.2 Mensch-Tier-Interessenkonflikt

Der Mensch-Tier-Interessenkonflikt wiegt menschliche Bedürfnisse, wie den Verzehr tierischer Produkte mit den Bedürfnissen der Tiere beispielsweise auf Wohlergehen, auf. Dies ist aus ethischer Sicht insoweit von Gewicht als das gefragt werden muss, ob Tiere generell ein Interesse haben und wenn ja wie dieses gegenüber dem Menschen zu beurteilen ist.

Als Folge eines über die letzten Jahrhunderte anthroprozentisch geprägten Weltbildes, in dessen Betrachtung das Tier lediglich marginalen Charakter aufwies, konstatierte Albert Schweizer:

> *Wie die Hausfrau, die die Stube gescheuert hat, Sorge trägt, daß die Tür zu ist, damit ja nicht der Hund hereinkomme und das getane Werk durch Spuren seiner Pfoten entstelle, also wachen die europäischen Denker darüber, daß ihnen keine Tiere in der Ethik herumlaufen.*[39]

[37] vgl. Focus (2007)
[38] vgl. Focus (2007)
[39] Zitat aus: Walden, S. (2007)

Doch mit dem Beginn der industriellen Tierhaltung in Verbindung eines damit noch nicht gekannten Ausmaßes an Leidzufügung zum Nachteil der Nutztiere, änderte sich dies vielerorts.

> *Der Tag mag kommen, an dem der Rest der belebten Schöpfung jene Rechte erwerben wird, die ihm nur von der Hand der Tyrannei vorenthalten werden konnten. Die Franzosen haben bereits entdeckt, dass die Schwärze der Haut kein Grund ist, ein menschliches Wesen hilflos der Laune eines Peinigers auszuliefern. Vielleicht wird eines Tages erkannt werden, dass die Anzahl der Beine, die Behaarung der Haut oder die Endung des Kreuzbeins ebensowenig Gründe dafür sind, ein empfindendes Wesen diesem Schicksaal zu überlassen. Was sonst sollte die unüberschreitbare Linie ausmachen? Ist es die Fähigkeit des Verstandes oder vielleicht die Fähigkeit der Reden? Ein vollausgewachsenes Pferd aber oder ein Hund ist unvergleichlich verständiger und mitteilsamer als ein einen Tag oder eine Woche alter Säugling oder sogar als ein Säugling von einem Monat. Doch selbst wenn es anders wäre, was würde das ausmachen? Die Frage ist nicht: Können sie denken? Können sie sprechen? Sondern: Können sie leiden?*[40]

Benthams Formulierung und die Frage nach der Leidfähigkeit von Tieren stellte einen Denkansatz dar, der beispielsweise von Peter Singer weiterverfolgt wurde. Zusätzlich gab es viele Versuche, Tiere in bestehenden Moraltheorien zu integrieren, oder sogar neue Moraltheorien zu entwickeln.

Die Frage nach dem Status des Tieres in der Ethik und seiner daraus resultierenden Stellung dem Mensch gegenüber, hat damit direkte Auswirkungen auf eine ethische Betrachtung der Massentierhaltung und den durch sie entstanden Interessenskonflikt zwischen Menschen und Tieren.

4.1.3 Dualismus in der Alltagsmoral

Konsens unter Menschen, die sich als moralisch bezeichnen herrscht bezüglich der Annahme, dass Tiere nicht willkürlich behandelt werden dürfen. Vorausgesetzt wird, dass diese auch die Überzeugung vertreten, dass Tieren kein grundloses Leid zugefügt werden sollte. Gleicht man diese Überzeugungen nun mit den unter 2.1.1 beschriebenen Methoden der Massentierhaltung ab, ergibt sich der erste Widerspruch. Ebenso unterschiedlich fällt die Berücksichtigung zwischen Haustieren, zu denen oftmals eine persönliche Verbindung aufgebaut wird und Nutztieren aus.[41]

> *Bei kaum einem anderen Tier wird die Doppelmoral im Umgang mit Tieren so deutlich wie bei Kaninchen. Auf der einen Seite werden Zwergkaninchen als Haustiere geliebt, gehegt und gepflegt. Auf der anderen Seite müssen europaweit zig Millionen von Mastkaninchen ihr kurzes Leben bis zum Schlachttermin in viel zu engen Drahtgitterkäfigen verbringen.*[42]

Ursula Wolf spricht in diesem Zusammenhang von einer "doppelten Alltagsmoral". Die Doppeldeutigkeit dieser Alltagsmoral zeigt sich nach Ursula Wolf auch in der unter-

---

[40] Bentham, J. Zitiert aus: Wolf U., (2004), Seite 43 – 44.

[41] vgl. Wolf, U. (2004), Seite 15 – 16.

[42] vgl. Vier Pfoten (2007)

schiedlichen moralischen Beurteilung tierischer und menschlicher Belange.[43]

> *Denn es gibt menschliche Wesen, die in ihren Fähigkeiten auf einer Stufe mit manchen Tieren stehen; gleichwohl ist hier die verbreitete Überzeugung, daß wir gegen die Moral verstoßen, wenn wir diesen Menschen antun, was wir den Tieren ohne weiteres zumuten. [...] Wer beansprucht, die Tiere in die Moral einzubeziehen, kann ihnen gegenüber nicht diejenigen Urteilsverfahren, die sonst für Moral typisch sind, einfach ausser Kraft setzen. Vielmehr würde das heißen, daß wir Tiere nicht moralisch berücksichtigen, sondern beliebig behandeln.*[44]

Im Hinblick auf die Massentierhaltung ergibt sich dadurch, dass die Methoden der intensiven Tierhaltung von der Allgemeinheit zwar moralisch nicht absolut gebilligt, aber im Interesse des daraus resultierenden Nutzen weitgehend hingenommen werden.

4.1.4 Die Goldene Regel

Das Prinzip der Goldenen Regel blickt auf eine lange Geschichte quer durch alle Kulturen und besagt, dass man andere so behandeln soll wie man selber behandelt werden möchte. Beispiele hierfür sind in fast allen Kulturkreisen zu finden:[45]

Konfuzianismus:

> *„Was ihr nicht wollt, dass man euch zufügt, fügt es anderen nicht zu." (6. Jh. v. Chr.)*

Buddhismus:

> *„Füge anderen nicht Leid durch Taten zu, die dir selber Leid zufügten." (5. Jh. v. Chr.)*

Antike:

> *„Soll ich mich anderen gegenüber nicht so verhalten wie ich möchte, dass sie sich mir gegenüber verhielten" (Platon 4. Jh. v. Chr.)*

Christentum:

> *„Alles, was ihr wollt, dass euch die Menschen tun, also tuet auch ihr ihnen." (Neues Testament, Matth. 7,12)*

Wendet man die Goldene Regel auf die Massentierhaltung an, könnte man einen Verstoß in der Behandlung der Tiere durch die Menschen konstatieren. Inwieweit sich jedoch die Golden Regel auf die Interaktion von Tier und Mensch anwenden lässt, ist abhängig von dem jeweiligem ethischen Status der einem Tier zugesprochen wird.

Einen Ansatz für die Einbeziehung des Tieres im Gleichheitsprinzip liefert Peter Singer, er fordert, *„dass wir wenn wir das Prinzip der Gleichheit als eine vernünftige moralische Basis für unsere Beziehungen zu den Mitgliedern unserer Gattung akzeptiert haben, auch verpflichtet sind, es als eine vernünftige moralische Basis für unsere Beziehungen zu denen außerhalb unserer Gattung anzuerkennen."*[46]

---

[43] vgl. Wolf, U. (2004) Seite 15 - 16.

[44] Wolf, U. (2004) Seite 16.

[45] Zitate aus: Sänger, M. (2003), Seite 98 – 99.

[46] Singer, P. (1994), Seite 82

4.2 Normative Betrachtung

Um die Massentierhaltung nach normativer Sicht beurteilen zu können, wird zuerst die Bestimmung des Tieres und des Menschen nach Kant dargestellt. Daraufhin wird aufgezeigt, wie nach Kant eine intensive Haltung gerechtfertig wird und welche kritischen Aspekte sich schlussendlich aus dieser Betrachtungsweise ergeben.

4.2.1 Kants Bestimmung des Tieres

Das Tier gehört nach Kant zum *„mit Empfindung und Willkür begabten Teil der Natur"*[47] und wird auf eine Stufe mit den Pflanzen gestellt. Tiere besitzen ein *"Analogon der Vernunft"*, daraus kann man folgern, dass sie wie auch Menschen nach bestimmten Vorstellungen handeln, sie besitzen aber keine Erkenntnis von Dingen.[48]

> *Deswegen aber kann ich daraus, weil der Mensch zu seinem Bauen Vernunft braucht, nicht schließen, daß der Biber auch dergleichen haben müsse, und es einen Schluß nach der Analogie nennen. Aber aus der ähnlichen Wirkungsart der Thiere (wovon wir den Grund nicht unmittelbar wahrnehmen können), mit der des Menschen (dessen wir uns unmittelbar bewußt sind) verglichen, können wir ganz richtig nach der Analogie schließen, daß die Thiere auch nach Vorstellungen handeln (nicht, wie Cartesius will, Maschinen sind) und ungeachtet ihrer specifischen Verschiedenheit doch der Gattung nach (als lebende Wesen) mit dem Menschen einerlei sind. Das Princip der Befugniß, so zu schließen, liegt in der Einerleiheit eines Grundes, die Thiere in Ansehung gedachter Bestimmung mit dem Menschen, als Menschen, so weit wir sie äußerlich nach ihren Handlungen mit einander vergleichen, zu einerlei Gattung zu zählen.*[49]

Tiere gehören nach Kant zu den Sinneswesen, sie sind kausal determiniert, folgen somit ihren Trieben und Bedürfnissen, aber haben im Gegensatz zum Menschen keine Handlungsfreiheit, *„...die eine Grundvoraussetzung für die Moraliät der Handlung bildet."*[50] Der Wille von Tieren wird nur durch ein sinnliches Vermögen, das *untere (empirsche) Begehrungsvermögen*, bestimmt. Dieses basiert lediglich auf Lust oder Unlust, ausgelöst von Instinkten und Trieben.[51]

Tiere sind folglich nicht von der Vernunft getrieben, ohne diese wird nach Kant Tieren auch keine Autonomie, kein Recht sowie auch keine Würde zugeschrieben.

Auch vertritt Kant die Ansicht, dass Tiere instrumentalisierbar sind, indem sie dem Menschen dienen und auf deren Freiheit verzichten können:

> *„...der Lappländer findet dort Thiere, die diese Gemeinschaft bewirken (Rennthiere), die an einem dürren Moose, welches sie sich selbst unter dem Schnee hervorscharren müssen, hinreichende Nahrung finden und gleichwohl sich leicht zähmen und der Freiheit, in der sie sich gar wohl erhalten könnten, willig berauben lassen."*[52]

---

[47] Uni Bonn (2007): Kant I., Methaphysik der Sitten, Seite 443.
[48] Textlog.de (2007) Tier.
[49] Uni Bonn (2007): Kant, I., Kritik der Urtheilskraft, Seite 464.
[50] Sänger, M., 2003, Seite 141
[51] vgl. Sänger, M., 2003, Seite 141
[52] Uni Bonn (2007): Kant, I., Kritik der Urtheilskraft Seite 369.

4.2.2 Kants Bestimmung des Menschen

Nach Kant ist der Mensch ein sinnlich-vernünftiges Wesen:

> *Der Mensch betrachtet sich in dem Bewußtsein einer Pflicht gegen sich selbst, als Subject derselben, in zwiefacher Qualität: erstlich als Sinnenwesen d. i. als Mensch (zu einer der Thierarten gehörig); dann aber auch als Vernunftwesen (nicht blos vernünftiges Wesen, weil die Vernunft nach ihrem theoretischen Vermögen wohl auch die Qualität eines lebenden körperlichen Wesens sein könnte)[..]*[53]

Der Mensch kann somit *„in seiner Handlungsbestimmung zwei Standpunkte einnehmen: den der Sinnlichkeit und der Vernunft."*[54] Absolut vernünftig ist nach Kant nur Gott, der vollständig autonom handelt. Der Mensch nimmt somit den Platz zwischen Tieren (Sinneswesen) und Gott (Vernunftwesen) ein. Er besitzt einerseits eine praktische Vernunft, die sich mit der Befriedigung des unteren Begehrungsvermögens, die Neigung, befasst, andererseits verfügt er auch über ein „oberes (vernünftiges) Begehrungsvermögen". Das besondere ist, dass er die Freiheit hat, zwischen den zwei Begehrungsvermögen abzuwägen und zu handeln. Mit dieser Handlungsfreiheit ordnet er sich entweder den Trieben und Neigungen (Maxime der Selbstliebe) oder dem Gebot der Vernunft (Maxime der Tugend) unter.

Das Handeln nach dem Gebot der Vernunft befähigt dem Menschen alleinig zum Handeln aus Pflicht (moralisch gutes Handeln). Diese Bestimmung der Handlungsfreiheit hat wiederum zur Folge, *„...dass sein Handeln nach anderen Gesetzmäßigkeiten abläuft.*[55]*"* Ein vernünftiger Mensch befolgt somit Gesetze oder Prinzipien, die nach Kant unter den Begriff praktische Grundsätze zusammengefasst werden, welche in Imperative (objektive Grundsätze) und Maxime (subjektive Grundsätze: kategorisch und hypothetisch) unterteilt werden.[56]

Als vernünftiges Wesen folgt der Mensch stets einem der beiden Prinzipien. *„Wenn das Prinzip nur für das Wollen und Handeln des Einzelnen Menschen bestimmt ist, dann ist es eine Maxime[...]."*[57] Dagegen sind Imperative praktische Notwendigkeiten, die für jedermann gelten.[58]

Der Mensch kann nach Kant, im Gegensatz zum Tier, somit Handlungen nach der Richtigkeit prüfen, in „gut" und „schlecht" kategorisieren und autonom sein Leben vernünftig gestalten.

---

[53] Uni Bonn (2007): Kant I., Methaphysik der Sitten, Seite 418.

[54] Sänger, M. (2003), Seite 137

[55] Sänger, M. (2003), Seite 140

[56] vgl. Projekt.Gutenberg.de (2007): Kant, I.

[57] Sänger, M. (2003), Seite 142

[58] vgl. Projekt.Gutenberg.de (2007): Kant, I.

4.2.3 Rechtfertigung der Massentierhaltung

Nach Kant können Tiere als Nutztiere verwendet werden, da sie nicht autonom entscheiden können und rein sinnlicher Natur sind. Folglich sind Tiere auch nicht in der Lage moralische Normen nachzuvollziehen oder diese anzuwenden. Sie sind daher vernunft- sowie morallose Wesen.

Trotzdem sollen Tiere gut behandelt werden, aber nicht des Tieres willen, sondern weil eine schlechte Behandlung letztlich zu einer Verrohung der Menschen unter einander beitragen würde:

> *In Ansehung des lebenden, obgleich vernunftlosen Theils der Geschöpfe ist die Pflicht der Enthaltung von gewaltsamer und zugleich grausamer Behandlung der Thiere der Pflicht des Menschen gegen sich selbst weit inniglicher entgegengesetzt, weil dadurch das Mitgefühl an ihre Leiden im Menschen abgestumpft und dadurch eine der Moralität im Verhältnisse zu anderen Menschen sehr diensame natürliche Anlage geschwächt und nach und nach ausgetilgt wird; obgleich ihre behende (ohne Qual verrichtete) Tödtung, oder auch ihre, nur nicht bis über Vermögen angestrengte Arbeit (dergleichen auch wohl Menschen sich gefallen lasse müssen) unter die Befugnisse des Menschen gehören; da hingegen die martervolle physische Versuche zum bloßen Behuf der Speculation, wenn auch ohne sie der Zweck nicht erreicht werden könnte, zu verabscheuen sind. Selbst die Dankbarkeit für lang geleistete Dienste eines alten Pferdes oder Hundes (gleich als ob sie Hausgenossen wären) gehört indirect zur Pflicht des Menschen, nämlich in Ansehung dieser Thiere, direct aber betrachtet ist sie immer nur Pflicht des Menschen gegen sich selbst...*[59]

Somit ist das Verbot der schlechten Behandlung von Tieren ein moralisches, aber es besteht nur indirekt dem Tier gegenüber, da es ausschließlich wegen den Menschen selber besteht.

Für die Massentierhaltung bedeutet dies, dass man Tiere niemals nur um seiner selbst willen beachten muss, sondern immer in Beziehung zum Menschen. Folglich könnten enge Lebensräume für Tiere anerkannt werden, wenn diese dem Menschen Nutzen verschaffen, indem argumentiert wird, dass der hohe Fleischkonsum nur noch über eine intensive Haltung gedeckt werden kann.

Um als Mensch nicht abzustumpfen, soll er um seiner selbst sowie seiner Mitmenschen willen auf Tiere Rücksicht nehmen. Daher wäre es folglich auch wünschenswert, dass Tiere in Ställen so gehalten werden, dass sie nicht leiden müssen und unter Qualen leben. Dies gilt eben so für Tiertransporte und die Tierschlachtung, die ohne unnötigen Schmerz schnell vollzogen werden sollten.

---

[59] Uni Bonn (2007): Kant I., Metaphysik der Sitten. Seite 443

4.2.4 Kritik an der Betrachtung des Tieres nach Kant:

Eine von Kants Grundprinzipien

> *„Handle so, dass du die Menschheit sowohl in deiner Person, als in der Person eines jeden anderen jederzeit zugleich als Zweck als, niemals bloß als Mittel brauchst“*[60]

wird so erläutert, dass der vernünftige Mensch autonom leben kann und das Leben als Zweck ansieht. Der Mensch besitzt eine Würde und ist in der Lage moralisch zu handeln. Tiere haben keine Moral, da sie nur von Trieben gesteuert sind, sie dienen dem Menschen nur als ein Mittel zum Zweck. Dies begründet Kant auf der Theorie, dass nur ein Wesen dann ein Zweck an sich ist, wenn es nach selbst gegebenen Vernunftgesetzen sein Leben gestalten kann.[61] Doch wenn die Tiere nur um den Menschen willen leben würden, bleibt noch die Frage offen, warum sie unter der Benutzung der Menschen so oft leiden, statt glücklich ihren Platz in der Gesellschaft einzunehmen.

Ebenso sind Tiere nicht auf den Menschen angewiesen, sie leben auch eigenständig in der Natur und brauchen den Menschen weder für die Nahrungssuche noch für den Schutz vor Feinden um zu überleben.

Folgt man weiter der Annahme, dass Tiere nur ein Mittel darstellen, dann ist es auch wiederum nicht ganz nachvollziehbar, warum eine schlechte Behandlung der Tiere das moralische Verhalten zwischen Menschen untereinander schwächen könnte. Wenn ein Mensch ein anderes Mittel aus der menschlichen Umwelt, ich nehme hier beispielsweise eine Tasche grob auf den Boden wirft, ist er doch in Bezug auf sein moralisches Verhalten zu Mitmenschen automatisch nicht schlechter?

Hält man jedoch fest, dass eine schlechte Behandlung des „Mittels“ Tier trotzdem das moralische Verhalten des Menschen schwächt, müsste man feststellen, dass Mensch und Tiere doch nicht so scharf getrennt betrachtet werden können, und moralisches Verhalten auch gegenüber Tieren möglich ist. Kant probiert daher mittels dem Versuch über den Weg des Menschen die Tiere in der Moral zu berücksichtigen, indem er begründet, dass die Grausamkeit gegen Tiere die menschliche Moral schwächen würde.

---

[60] vgl. Projekt.Gutenberg.de (2007): Kant, I.

[61] vgl. Textlog.de (2007). Zweck.

4.3 Massentierhaltung aus utilitaristischer Sicht

Der Beurteilung eines ethischen Konflikts aus utilitaristischer Sicht, geht eine Abwägung der Folgen und der Menge der davon betroffenen Personen voraus. In Bezug auf die Massentierhaltung würden somit die positiven Folgen, wie das Vergnügen am Konsum tierischer Produkte zu günstigen Konditionen, den negativen Folgen, wie der Beitrag zur Verschlechterung des Klimas, der Verschlechterung der weltweiten Ernährungssituation und des erhöhten Risikos von Epidemien, gegenüberstehen.

Im Vergleich überwiegt nicht nur die Größe der von den negativen Folgen direkt betroffenen Gruppe an Personen, sondern auch das Ausmaß der damit verbundenen negativen Folgen. Daher ist die Summe des durch die Massentierhaltung verursachten Leids bzw. Unglücks größer als die des Glücks. Nach Jeremy Bentham könnte man sagen, dass das *"größtmögliche Glück, der größtmöglichen Zahl"*[62] im Verzicht auf die Massentierhaltung besteht.

4.3.1 Das Tier aus utilitaristischer Sicht

Um eine vollständige Betrachtung der intensiven Tierhaltung aus utilitaristischer Sicht zu ermöglichen, darf die Einbeziehung der Tiere nicht fehlen. Diese spielen, wie dem Bentham-Zitat unter 4.1.2 zu entnehmen ist, im Utilitarismus schon immer eine gewichtige Rolle. Nach Bentham ist es die Leidensfähigkeit, die viele Tiere als moralische Empfänger qualifiziert. Peter Singer erweitert diesen Ansatz Benthams durch Richard Ryders Ausdruck des Speziesismus, in Analogie zu Rassismus und Sexismus.[63]

Rassisten europäischer Abstammung akzeptieren nicht, daß der Schmerz, den Afrikaner verspüren, ebenso schlimm ist wie der, den Europäer verspüren. (...) Menschliche Speziesisten erkennen nicht an, daß der Schmerz, den Schweine oder Mäuse verspüren, ebenso schlimm ist wie der von Menschen verspürte.[64]

Singer geht in Bezug auf die Massentierhaltung sogar noch einen Schritt weiter.

Ich glaube, dass die Anwendung des Utilitarismus auf unsere gegenwärtige Situation - insbesondere auf die modernen Methoden zur Aufzucht der Tiere, die wir essen, und auf die Vielfalt an Nahrungsmitteln, die uns zur Verfügung steht - zum Schluß führt, daß wir Vegetarier werden sollten.[65]

Somit könnte die Stellung des Tiers als moralischer Empfänger, aus utilitaristischer Sicht als ein weiterer Grund gelten auf Massentierhaltung zu verzichten.

[62] Sänger, M. (2003), Seite 113.

[63] vgl. Wolf, J. – C. (2005), Seite 47.

[64] Singer, P. (1994), Seite 86.

[65] Singer, P. (1980) Zitat aus: Kaplan, H. – F. (2002)

4.3.2 Kritik an der utilitaristischen Sicht

Die generelle Kritik an der utilitaristischen Moral trifft im Fall der Massentierhaltung ebenso zu. Besonders schwer wiegt der Vorwurf, das Gerechtigkeitsproblem nicht lösen zu können, da sich das Ziel des größtmöglichen Glücks der größtmöglichen Zahl sowohl mit einer rechtlichen / ökonomischen Freiheitsberaubung von Minderheiten, als auch einzelner Personen vertragen würde.[66]

> *Individuen werden nur noch als Träger von Lust oder Interessen angesehen; sie stellen nicht wie in kantischen Modellen eine Grenze für das Handeln anderer dar, sondern können den Gesamtnutzen geopfert werden. [...] Der spezifische Mangel des Utilitarismus liegt vielmehr in der Ausrichtung auf den Gesamtnutzen unter Absehung von Individuengrenzen und in der Unklarheit der absoluten Bewertung des Gesamtglücks.*[67]

Im Bezug auf eine Beurteilung der Massentierhaltung aus utilitaristischer Sicht hätte die Kritik, dass sich viele Personen bei einem Verzicht auf die intensive Tierhaltung keine tierischen Erzeugnisse mehr leisten könnten jedoch keinen Einfluss.

4.4 Die Massentierhaltung aus diskursethischer Sicht

Der heutige Markt für Tierprodukte ist sehr groß und hart umkämpft. Er besteht grundsätzlich aus zwei Seiten: Dem Anbieter und dem Nachfrager. Wenn sich diese auf dem freien Markt treffen und sich einig werden, bildet sich ein Marktpreis und der Handel beginnt. Beinhaltet der Markt eine große Menge an Konsumenten, so können diese bestimmen inwieweit sich ein Produkt zu den entsprechenden Konditionen auf längere Zeit durchsetzt.

Die auftretende Entscheidungsproblematik bei der Massentierhaltung lässt sich auf die vier Gruppen Anbieter (Hersteller), Nachfrager (Konsument), Staat und Tier unterteilen:

Hersteller von tierischen Erzeugnissen müssen aufgrund des herrschenden Preisdrucks rationalisieren und sind gezwungen sich Marktanforderungen anzupassen, sonst sehen sie sich in ihrer Existenz bedroht. So gibt es für sie drei Alternativen: entweder man passt seine Produktionsweise an und versucht über intensive Haltung das Produkt günstiger anbieten zu können, oder man probiert weiterhin mit einer möglichst artgerechten Haltung auf dem Markt eine Nische zu bedienen und auch mit höheren Preisen überleben zu können. Die letzte Möglichkeit wäre eine Schließung der Produktionsstätte und Umorierentierung.

Das Konsumverhalten der Menschen hat sich über die Jahre hinweg stark verändert: Heute wird im Schnitt pro Woche von jedem Deutschen ca. 1.200 Gramm Wurst und Fleisch verzehrt. Die Deutsche Gesellschaft für Ernährung empfiehlt aber den Fleisch-

---

[66] vgl. Sänger, M. (2003), Seite 121

[67] Wolf, U. (2004), Seite 45 und 48

konsum auf 300 bis maximal 600 Gramm einzuschränken, da zuviel Fleisch auch gesundheitliche Risiken beinhaltet.[68]

Da sich aber Fleisch täglich fest im Speiseplan verankert hat, kann beziehungsweise will ein großer Teil der Konsument nicht mehr soviel Geld für das Produkt bezahlen. Folglich passte sich der Anbieter an dieser Stelle dem Verlangen nach günstigen Alternativen an.

Doch ist den Konsumenten oft gar nicht bewusst unter welchen Umständen die Tiere leben, da in der Öffentlichkeit nur in Ausnahmefällen (z. B. bei Seuchengefahr oder Epidemienausbruch) über die Thematik am Rande berichtet wird. Aber an dieser Stelle muss auch erwähnt werden, dass jeder Konsument mehr oder minder schon einmal mit dieser Problematik in Kontakt gekommen ist und somit für sich selber überlegen sollte, was für Alternativen er hat:

Eine Option wäre sich dem Konsum komplett zu entziehen und vegan zu leben, das andere Extrem bestünde darin, dass derzeitige Konsumverhalten nicht zu verändern. Die letzte Möglichkeit wäre bewusst einzukaufen und nur Produkte zu nehmen, die aus artgerechter Haltung stammen, auch wenn die Preise dabei höher sind.

Ebenso spielt die Regierung, legitimiert durch die Bürger, eine entscheidende Rolle bei dem Handel mit tierischen Produkten: Die Interaktion zwischen Hersteller und Konsument findet in der freien Marktwirtschaft in einem rechtlichen Rahmen statt. Die Regierung kann die Parteien mit Verordnungen dazu zwingen Handlungen anders zu gestalten, daraus resultierten auch die Tierschutzgesetze. Inwieweit die Gesetze nachher auch befolgt werden, hängt von dem jeweiligen Kontrollmaßnahmen und Aufklärungsarbeiten im Staat selber ab.

Den Tieren als maßgeblich Leidtragenden der Massentierhaltung sind keinerlei Möglichkeiten gegeben auf die Situation Einfluss zu nehmen. Weder haben Tiere die Option durch ihr Verhalten, noch durch einen gesetzlichen Vertreter ihre Interessen direkt zu äußern. Folglich sind sie aus der Entscheidungsproblematik ausgeschlossen.

Inwiefern der einzelne Bürger über die Wahl der Regierung oder sein Konsumverhalten nachhaltig Einfluss auf die Marktentwicklung nehmen kann bleibt fraglich. Da auch eine andere Regierung unter Umständen die positiven ökonomischen Faktoren wie beispielsweise die hohen Steuereinnahmen aus der Massentierhaltung weiter in Anspruch nehmen würde. Die Gründe sind vielseitig und reichen von ökonomischen Aspekten bis hin zu ethischen Prinzipien. Die Diskussion wird an dieser Stelle jedoch zu komplex und würde zu weit führen.

Sind aber der Konsum tierischer Produkte und der Verzicht auf Massentierhaltung nach den heutigen Gegebenheiten überhaupt noch vereinbar?

Theoretisch wäre es möglich, da der Handel auch Produkte aus artgerechter Haltung anbietet, diese sind über Siegel und Zertifikate gekennzeichnet. Praktisch jedoch ver-

---

[68] vgl. T-Online (2007)

wirren viele unterschiedliche Siegel und teilweise von den Herstellern selbst erstelle Zertifikate den Verbraucher. Die mangelnde Transparenz und Vielfalt der Siegel auf dem Markt zwingt Konsumenten dadurch zur eigenständigen Informationsbeschaffung. Somit wäre ein Konsum von tierischen Produkten bei Verzicht auf Massentierhaltung grundsätzlich möglich, setzt jedoch ein aktives Verhalten beim Verbraucher voraus.

Doch was würde passieren, wenn alle Konsumenten beschließen nur noch Produkte aus artgerechter Haltung zu beziehen? Man könnte argumentieren, dass das ökonomisch nicht realisierbar wäre und sich die Konsumenten dies schlicht nicht leisten könnten.

Ursula Wolf entgegnet jedoch, dass dies nur nach faktischen Bedingungen zutrifft, welche Absurditäten enthalten und veränderlich sind. So könnten Gelder die zur Zeit den Abbau überproduzierter Bestände subventionieren zur Förderung tierfreundlicher Betriebe verwendet werden.

> *Es spricht sogar manches für Berechnungen, wonach eine nicht-intensive Produktion grundsätzlich kaum erheblich teuerer wäre. Denn die intensive Haltung muss mit einem hohen Verlust an Tieren rechnen, die die rohen Bedingungen nicht überstehen sowie hohen Aufwendungen für Medikamente usw. Der ökonomische Unterschied kann schon deswegen nicht sehr groß sein, weil auch in der traditionellen Haltung der weitaus größte Posten die Ausgabe für Futter ist; Ausgaben für Stallungen und Arbeitskräfte betragen nur je 3,5 % der Gesamtinvestition. Und es gibt Großbetriebe, die mit alternativen Methoden arbeiten und ökonomisch erfolgreich sind.*[69]

Folglich wäre es möglich, dass alle Verbraucher tierische Erzeugnisse aus artgerechter Haltung konsumieren. Es bleibt aber fraglich, ob sich ein ethisches Bewusstsein zugunsten des Tieres bei allen Menschen jemals durchsetzen könnte.

---

[69] Wolf, U. (2004) Seite 18.

5 Schlussbetrachtung

Aufgrund der vorangegangenen Argumente ist ein Ausstieg aus der Massentierhaltung ratsam, da sowohl die Folgen für den Menschen als auch für die Tiere, unabhängig ihres Stellenwertes in der Gesellschaft unvertretbar sind.

Alternativen gibt es viele, damit diese greifen, bedarf es jedoch der nachhaltigen Initiative aller beteiligten Menschen. So könnte der Staat beispielsweise Betriebe mit artgerechter Haltung unterstützen und Verbraucher medienwirksam über negativen Aspekte und Folgen der Massentierhaltung aufklären.

Auch die Einführung eines transparenten Gütesiegelsystems könnte dazu beitragen, das Konsumverhalten der Verbraucher zu beeinflussen, denn wie eine Studie zeigt sind mehr als 62 % der Verbraucher gewillt sich auf tierische Produkte aus artgerechter Haltung umzustellen.[70]

Sicherlich hat die urbane Lebensweise und der damit verbundene unbewusste Prozess der Entfremdung von den Nutztieren genauso wie die bewusste Exilierung von Tierfabriken dazu beigetragen, dass viele Verbraucher hinter tierischen Erzeugnissen nicht mehr das Tier, sondern nur noch das Produkt sehen. Eine daraus resultierende Desensibilisierung der Konsumenten könnte schon in frühen Lebensjahren beispielsweise durch Freizeiten oder Ausflüge auf Bauernhöfen, bei denen ein direkter Kontakt mit Nutztieren zustande kommt, entgegengetreten werden.

Bestrebungen in diese Richtung könnten nicht nur dazu führen, dass Menschen wieder einen direkten Bezug zu tierischen Produkten erhalten, sondern dass auch Tiere einen Platz in der Alltagsmoral bekommen, der weder Doppeldeutig, noch willkürlich ist.

[70] vgl. Tierrechtsbund (2007)

Literaturverzeichnis

Amtsblatt der Europäischen Gemeinschaften (1998): Richtlinie 98/58/EG des Rate vom 20. Juli 1998 über den Schutz landwirtschaftlicher Nutztiere.
http://eur-lex.europa.eu/LexUriServ/site/de/oj/1998/l_221/l_22119980808de00230027.pdf
(Datum des Zugriffs: 01.08.2007)

Andreae-Noris Zahn AG (2007): Bio-Fleisch - voll im Trend!
http://www.gesundheit.de/ernaehrung/alles-bio/bio-fleisch/index.html
(Datum des Zugriffs: 18.07.2007)

Animal Peace E.V. (2007): Fakten zur Massentierhaltung.
http://www.animal-peace.org/Archiv/apflugis/massen.html
(Datum des Zugriffs: 04.08.2007)

BRD Deutschland (vertreten durch das Bundesministerium der Justiz) (2007): Tierschutzgesetz. Übersicht und alle Paragraphen im Detail. http://www.gesetze-im-internet.de/tierschg/ (Datum des Zugriffs: 02.08.07)

dejure.org. (2007):
Artikel 20a GG. http://dejure.org/gesetze/GG/20a.html (Datum des Zugriffs: 30.07.2007)
§ 90 BGB. http://dejure.org/gesetze/BGB/90a.html (Datum des Zugriffs: 30.07.07)
§ 903 BGB. http://dejure.org/gesetze/BGB/903.html (Datum des Zugriffs: 30.07.2007)

Die Zeit (2007): Autor Cord Riechelmann. Fleisch mit Seele.
http://hermes.zeit.de/pdf/archiv/2006/10/Tier-Seele.pdf (Datum des Zugriffs: 04.08.07)

Europäische Gemeinschaften (2007):
Wichtigste Tierschutzvorschriften der Gemeinschaft.
http://ec.europa.eu/food/animal/welfare/references_de.htm#ref98-58
(Datum des Zugriffs: 01.08.2007)

Wissenschaftlicher Ausschuss für Tiergesundheit und Tierschutz http://ec.europa.eu/food/fs/aw/aw_scahaw_de.html
(Datum des Zugriffs: 01.08.2007)

Tierschutz in der EU Politische Ziele. http://ec.europa.eu/food/animal/welfare/policy/index_de.htm
(Datum des Zugriffs: 02.08.2007)

Focus (2007): Schadet Fleischkonsum dem Klima?
http://www.focus.de/wissen/wissenschaft/klima/frage-von-a-deutsch_aid_50827.html
(Datum des Zugriffs: 04.08.07)

HR-Online.de (2007): Fleischpreise - Was muss gutes Fleisch kosten? Autor: (fabd) http://www.hr-online.de/website/fernsehen/sendungen/index.jsp?rubrik=2650 &key= standard_ document_25715048
(Datum des Zugriffs: 21.07.2007)

Kaplan, H. – F. (2002): Tierrechte. Echo Verlag. 3. Auflage.

KATALYSE Institut für angewandte Umweltforschung e. V. (2007): Massentierhaltung. http://www.umweltlexikon-online.de/fp/archiv/RUBlandwirtsrohstoffe/Massentierhaltung.php (Datum des Zugriffs: 18.07.2007).

PETA-Deutschland e.V. (2007): Massentierhaltung: Mechanisierter Wahnsinn.
http://www.peta.de/goveggie/grausamkeit_an_tieren.506.html (Datum des Zugriffs: 20.07.2007)

Projekt.Gutenberg.de (2007): Kant, I., Grundlegung zur Metaphysik der Sitten.
http://gutenberg.spiegel.de/?id=5&xid=1373&kapitel=1#gb_found (Datum des Zugriffs: 04.08.2007)

Redaktion Cicero (2007): Wer zahlt für die Vogelgrippe? Autor: Peter Singer.
http://www.cicero.de/97.php?item=1017&ress_id=6 (Datum des Zugriffs: 18.07.2007)

RKW Süd (2007): Massentierhaltung.
http://www.rkwsued.de/glossar/glossar_zur_schweinefuetterung.html?select=Massentierhaltung%20060329 (Datum des Zugriffs: 03.08.2007)

Sänger, M. (2003): Praktische Philosophie – Ethik. Grundpositionen der normativen Ethik. Ernst Klett Verlag für Wissen und Bildung GmbH. 09. Auflage

Selig M., Elsner M. (2006): Tiere in der Landwirtschaft. In: Tierrechte 1.06. Verlag: Menschen für Tierrechte – Bundesverband der Tierversuchsgegner e.V. Heft Nr. 35, Seite 8.

Singer, P. (1994): Praktische Ethik. Reclam, Stuttgart 1994.

Statistisches Bundesamt (2007): Rekordproduktion von Schweinefleisch 2006.
http://www.destatis.de/jetspeed/portal/cms/Sites/destatis/Internet/DE/Presse/pm/2007/02/PD07__058__413.psml
(Datum des Zugriffs: 05.08.2007)

Textlog.de (2007):
Tier. http://www.textlog.de/32708.html (Datum des Zugriffs: 03.08.2007)
Zweck. http://www.textlog.de/33285.html (Datum des Zugriffs: 03.08.2007)

Tierrechtsbund (2007): Kennzeichnung kann Tierschutz verbessern.
http://www.tierrechtsbund.de/modules.php?op=modload&name=News&file=article&sid=143&mode=thread&order=0&thold=0 (Datum des Zugriffs: 08.08.2007)

T-Online (2007): Wie viel Fleisch ist gesund? (Datum des Zugriffs: 09.08.2007)
http://onleben.t-online.de/c/82/82/92/8282922.htm

Umweltjournal.de (2007): Stichwort: Massentierhaltung. Autor: KATALYSE Institut Köln. http://www.umweltlexikon-aktuell.de/fp/archiv/RUBlandwirtsrohstoffe/Massentierhaltung.php (Datum des Zugriffs: 17.07.2007)

Uni Bonn (2007): Kant, I.: Kritik der Urtheilskraft:

Seite 369: http://www.ikp.uni-bonn.de/kant/aa05/369.html (Datum des Abrufs: 03.08.2007)

Seite 418 : http://www.ikp.uni-bonn.de/kant/aa05/418.html (Datum des Abrufs: 03.08.2007)

Seite 464: http://www.ikp.uni-bonn.de/Kant/aa05/464.html (Datum des Abrufs: 03.08.2007)

Uni Bonn (2007): Kant I.: Metaphysik der Sitten.

Seite 443 http://www.ikp.uni-bonn.de/kant/aa06/443.html (Datum des Abrufs: 03.08.2007)

Wikipedia (2007):

Autor ***Buzer***: Tierschutzgesetz http://de.wikipedia.org/wiki/Tierschutzgesetz_ (Deutschland) (Datum des Zugriffs: 01.08.2007)

Autor ***Cherubino***. Fleisch. http://de.wikipedia.org/wiki/Fleisch (Datum des Zugriffs: 18.07.2007)

Autor ***84.176.243.190***. Fleischproduktion. http://de.wikipedia.org/wiki/Fleischproduktion (Datum des Zugriffs: 18.07.2007)

Autor ***Amphibium*. Massentierhaltung.** http://de.wikipedia.org/wiki/Massentierhaltung
(Datum des Zugriffs: 20.07.2007)

Autor ***Manecke*.** Artgerechte Haltung. http://de.wikipedia.org/wiki/Artgerechte_Haltung#Wirtschaftliche_Aspekte
(Datum des Zugriffs: 20.07.2007)

Verwaltung Uni Halle (2007): Stab Arbeits- und Umweltschutz Tierschutz http://www.verwaltung.uni-halle.de/KANZLER/UMWARB/trecht.htm (Datum des Zugriffs: 30.07.2007)

Verein gegen Tierfabriken Schweiz VgT (2007): Schweinestall der kantonalen Psychiatrischen Klinik "Waldhaus" in Chur. http://www.vgt.ch/vn/0201/waldhaus.htm (Datum des Zugriffs: 20.07.2007)

Vier Pfoten (2007): Wie Kaninchen in der Käfighaltung leben.
http://www.vierpfoten.at/website/output.php?id=1226&idcontent=1836&language=1 (Datum des Zugriffs: 04.08.2007)

Walden, S. (2007): Das Tier in Religion, Recht und Ethik.
http://animalrights.de/bibliothek/allgemeines/walden_das_tier_teil15.shtml (Datum des Zugriffs: 04.08.2007)

Wolf, J. – C. (2005): Tierethik. Harald Fischer Verlag. 2. Auflage.

Wolf, U. (2004): Das Tier in der Moral. Klostermann Seminar. 2. Auflage. 2004.